LIBERTÉS SACRIFIÉES

LA LOI SUR LES MESURES DE GUERRE

Xavier Gélinas et Mélanie Morin-Pelletier

Catalogage avant publication de Bibliothèque et Archives Canada

Titre: Libertés sacrifiées : la Loi sur les mesures de guerre / Xavier Gélinas et Mélanie Morin Pelletier.

Noms: Gélinas, Xavier, 1967- auteur. | Morin-Pelletier, Mélanie, 1980- auteur. | Musée canadien de l'histoire, organisme de publication.

Collections: Collection Catalogue-souvenir ; 28.

Description: Mention de collection: La collection Catalogue-souvenir, ISSN 2291-6377 ; 28 | Publié aussi en anglais sous le titre: Lost Liberties.

Identifiants: Canadiana 20210297387 | ISBN 9780660343686 (couverture souple)

Vedettes-matière: RVM: Canada Loi sur les mesures de guerre. | RVM: Musée canadien de l'histoire—Catalogues. | RVM: Mesures d'exception—Canada—Histoire—20e siècle. | RVM: Pouvoirs exceptionnels—Canada—Histoire—20e siècle. | RVM: Droits de l'homme—Aspect politique—Canada. | RVM: Minorités—Canada—Conditions sociales—20e siècle. | RVM: Canada—Politique et gouvernement—20e siècle. | RVMGF: Catalogues.

Classification: LCC JC599.C3 G4514 2021 | CDD 323.09710904-dc23

Publié par le Musée canadien de l'histoire
100, rue Laurier
Gatineau (Québec) K1A 0M8
museedelhistoire.ca

Imprimé et relié au Canada

Conception graphique : Maestro

Le présent ouvrage est publié dans le cadre d'une exposition spéciale réalisée par le Musée canadien de l'histoire, avec le généreux soutien financier du Conseil de dotation du Fonds canadien de reconnaissance de l'internement durant la Première Guerre mondiale.

Photo de la couverture : Glenbow Archives, NC-54-4336

TABLE DES MATIÈRES

AVANT-PROPOS

Les démocraties sont des chantiers.

Elles sont, sans aucun doute, la forme d'organisation sociale la plus susceptible de réaliser de grandes choses, à la fois dans le temps et lors de crises nationales ou internationales.

Mais elles se sont également révélées d'une vulnérabilité catastrophique.

Les craintes du public, réelles ou imaginaires, se sont trop souvent transformées en efforts punitifs de domination culturelle. Les majorités ont tyrannisé les minorités. La richesse et les intérêts personnels se sont combinés pour miner l'égalité et les occasions opportunes. Les institutions représentatives ont étouffé ou résisté aux réformes sociales ou à l'inclusion, au nom du pays ou du statu quo, comparant sans gêne la dissidence à la traîtrise.

L'exposition sur laquelle repose ce catalogue explore trois invocations par le gouvernement fédéral canadien de la *Loi sur les mesures de guerre* au cours de trois périodes de crise nationale. Deux de ces crises sont des guerres mondiales, alors que la troisième est une crise intérieure qui semblait présager une insurrection.

Dans chaque cas, les dirigeants démocratiques, agissant dans des conditions d'incertitude, de risque et de pression publique intense, ont agi instamment, peut-être même instinctivement, pour se préserver. Les outils du pouvoir de l'État ont surveillé, objectivé et incarcéré. Dans chacun de ces cas, les protagonistes, sous une trame particulariste ou raciale, ont drapé leurs plateformes dans la bannière de la nation, de l'État, de la cause. Dans chacun de ces cas, la crise a promulgué le jugement arbitraire. Et dans chacun de ces cas, des actions brutales, ostensiblement entreprises pour défendre la liberté, l'ont en fait mise en grand danger.

L'exposition et le catalogue **Libertés sacrifiées** nous rappellent que les démocraties ne se définissent pas uniquement par les scrutins et les successions pacifiques de gouvernements. Elles se définissent aussi par leurs gestes dans les situations de contrainte extrême, lorsqu'elles sont le plus profondément menacées ou le plus décriées. Le courage est facile à trouver lorsqu'il ne coûte rien. Les principes et les valeurs, cependant, exigent plus qu'une défense rhétorique.

Je suis honoré d'avoir joué un petit rôle dans la réalisation de cette exposition et de ce catalogue aux côtés de tant de partenaires ayant fait preuve de générosité, de collègues d'un immense talent, ainsi que de conseillères et de conseillers d'une grande intelligence. Il est, je crois, l'un des projets les plus importants et les plus opportuns que le Musée canadien de l'histoire ait jamais produit.

Dean F. Oliver
Directeur principal de la recherche et conservateur en chef
Musée canadien de l'histoire

INTRODUCTION

Dans les pays occidentaux, les libertés civiles remontent à la *Magna Carta* de 1215. Elles comprennent, par exemple, la liberté d'expression, la liberté de se rassembler pacifiquement, la présomption d'innocence et le droit à un procès juste, équitable et sans délai.

En temps de crise, ces libertés deviennent fragiles. Doit-on les restreindre pour assurer la sécurité de l'État et de la société?

Le Canada a connu plusieurs restrictions aux droits et aux libertés au xxe siècle, certaines pendant des décennies. Ce catalogue-souvenir et l'exposition **Libertés sacrifiées** abordent trois crises dans l'histoire du Canada qui ont mené à la suspension des libertés civiles. Dans chacune – la Première Guerre mondiale, la Seconde Guerre mondiale et la crise d'Octobre 1970 –, le gouvernement fédéral a appliqué la *Loi sur les mesures de guerre* et restreint les libertés de milliers d'individus.

Chacune des trois périodes est abordée en deux temps. Nous présentons d'abord les gens qui prenaient les décisions. Qui étaient-ils? Comment voyaient-ils la crise nationale? Vous rencontrerez ensuite des personnes ou des familles affectées par les événements. Que vivaient-elles? Comment l'exprimaient-elles?

Nous souhaitons laisser la parole aux personnes, dans leurs perspectives multiples. Ainsi, ce sont surtout les citations, les photos, les dessins et les objets qui racontent ce chapitre difficile de notre histoire

Interné italo-canadien

Par Vincenzo Poggi
1940

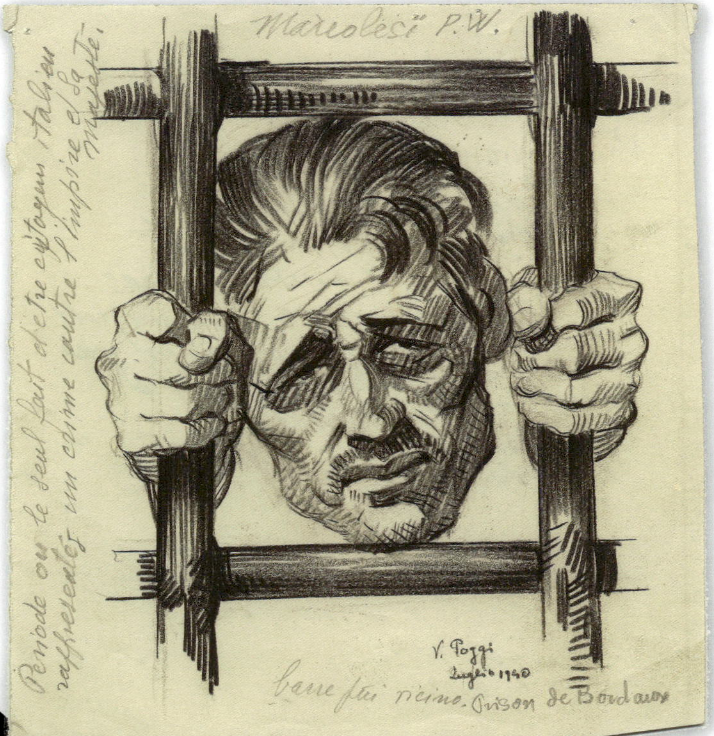

« Aucun homme libre ne sera saisi, ni emprisonné ou dépossédé de ses biens, déclaré hors-la-loi ou exilé [...] sans un jugement légal de ses pairs, conforme aux lois du pays. »

Magna Carta
1215

La Première Guerre mondiale : l'éclatement des libertés

Un pays plongé dans le chaos

De 1914 à 1918, le Canada a participé au conflit le plus sanglant de son histoire. L'entrée en guerre du pays a été marquée autant par la ferveur patriotique que par la désorganisation, le sentiment d'urgence et la détermination du gouvernement à utiliser tous les moyens mis à sa disposition pour apaiser les craintes de l'opinion publique.

« En adoptant la *Loi sur les mesures de guerre,* en août 1914, le gouvernement fédéral a commencé à faire plusieurs choses qu'il n'aurait jamais songé à faire en temps de paix. »

Donald Creighton
Historien

Affiche de recrutement en temps de guerre

Entre 1914 et 1918

Le Canada en guerre

Le Canada, un dominion de l'Empire britannique, est automatiquement entré en guerre lorsque la Grande-Bretagne a déclaré la guerre à l'Allemagne.

Dans cet état d'urgence, le gouvernement canadien a adopté des mesures sans précédent qui accordaient la priorité à la mobilisation des ressources pour l'effort de guerre ainsi qu'au maintien de la sécurité nationale et de l'ordre public.

« Dans cette querelle, nos cœurs battent à l'unisson avec ceux de l'Angleterre et des autres colonies anglaises. Nous ne saurions manquer de remplir notre devoir [...] pour soutenir les principes de liberté, pour s'opposer aux forces qui voudraient convertir le monde en un camp retranché. »

Robert Borden
Premier ministre du Canada
19 août 1914

Robert Borden (au centre)

1915

La *Loi sur les mesures de guerre*, le 22 août 1914

Rédigée hâtivement et adoptée à l'unanimité par le Parlement, la *Loi sur les mesures de guerre* donnait au gouvernement de vastes pouvoirs pour mener la guerre et assurer la « sécurité, la défense, la paix, l'ordre et le bien-être du Canada ». Elle permettait de suspendre les libertés civiles au nom de la sécurité nationale. Elle a cessé de s'appliquer en janvier 1920.

« Assurez-vous de n'omettre aucun pouvoir dont le gouvernement pourrait avoir besoin. »

Edward Macdonald

Député libéral fédéral, s'adressant à l'avocat W. F. O'Connor, rédacteur de la *Loi sur les mesures de guerre*
Août 1914

Première page de la *Loi ayant pour objet de conférer certains pouvoirs au Gouverneur en Conseil et de modifier la Loi d'Immigration*

1914

Loi ayant pour objet de conférer certains pouvoirs au Gouverneur en Conseil et de modifier la Loi d'Immigration.

Sanctionné Samedi le 22 Août 1914

SA Majesté, de l'avis et du consentement du Sénat et de la Chambre des Communes du Canada, décrète:

Titre abrégé.

1. La présente loi peut être citée sous le titre, *Loi des mesures de guerre, 1914.*

Ratification des actes déjà faits.

2. Tous les actes faits ou omis, et les choses faites ou omises avant l'adoption de la présente loi et le ou après le premier jour d'août, A.D. 1914, par ou sous l'autorité de, ou ratifiés par,—

a) Sa Majesté le Roi en Conseil;
b) Tout Ministre ou officier du Gouvernement Impérial de Sa Majesté;
c) Le Gouverneur en Conseil;
d) Tout Ministre ou officier du Gouvernement du Canada;
e) Toute autre autorité, ou personne,

qui, s'ils eussent été faits ou omis, après l'adoption de la présente loi, auraient été autorisés par la présente loi ou par arrêtés ou règlements sous le régime de la présente, sont réputés avoir été faits ou omis sous l'autorité de la présente loi et sont par la présente déclarés avoir été légalement faits ou omis.

Limitation des articles, 6, 10, 11 et 13.

3. Les dispositions des articles 6, 10, 11 et 13 de la présente loi ne seront en vigueur que durant la guerre, l'invasion, ou l'insurrection, réelle ou appréhendée.

Preuve de guerre, etc

4. L'émission d'une proclamation par Sa Majesté, ou sous l'autorité du Gouverneur en Conseil est une preuve définitive que la guerre, l'invasion ou l'insurrection, réelle ou appréhendée, existe et a existé pendant toute période de temps y énoncée et de sa continuation, jusqu'à ce que par

2—1

La primauté de la sécurité nationale

Les jugements des tribunaux canadiens pendant la guerre accordaient généralement la primauté à la sécurité nationale au détriment des droits des individus, notamment le droit de ne pas subir d'arrestation et d'emprisonnement sans motif ni procès.

Responsables des libertés civiles en temps de paix, les juges s'opposaient rarement aux mesures restrictives adoptées par le gouvernement fédéral en temps de guerre.

« La sécurité générale doit primer toujours et dans toute circonstance en attendant la victoire finale, même si des personnes risquent de souffrir entre-temps. »

Richard Martin Meredith

Juge en chef de la Cour des plaids communs de l'Ontario
Janvier 1915

Toronto Daily News

24 octobre 1914

Alien Enemies Have No Rights in Court

Even Action Begun Before War Cannot be Gone on With

An interesting alien enemy case was aired yesterday before Chief Justice Falconbridge at Osgoode Hall. A motion for a stay of proceedings on behalf of his Austrian clients, Feko Dumenco and his wife,

L'hostilité publique envers les « étrangers ennemis »

« Allemand un jour, Allemand toujours! »
Affiche de propagande
Vers 1918

Activement invitées par le gouvernement canadien, des centaines de milliers de personnes immigrantes de l'Allemagne et de l'Empire austro-hongrois se sont installées au Canada au tournant du XXe siècle.

En temps de guerre, la discrimination envers les « étrangers ennemis », les individus originaires des pays en guerre contre l'Empire britannique, s'est grandement amplifiée.

Dans des mines de la Colombie-Britannique et de la Nouvelle-Écosse, des grèves ont été déclenchées pour exiger le congédiement des personnes immigrantes. Laissées sans moyens, beaucoup ont été arrêtées et internées.

« Les personnes blanches, qu'elles soient d'origine écossaise, irlandaise, anglaise, américaine ou simplement canadienne, ne veulent pas vivre à proximité d'une colonie où l'on parle la langue ennemie et où on adopte les costumes et coutumes de pays ennemis. »

Manitoba Free Press
5 octobre 1918

BRITISH EMPIRE UNION
"ONCE A GERMAN – ALWAYS A GERMAN!"
EDITH CAVELL
Samples.
BERLIN
1914 TO 1918.
NEVER AGAIN!
U
REMEMBER!
Every German employed means a British Worker idle.
Every German article sold means a British article unsold.
BRITISH EMPIRE UNION: 346 STRAND, LONDON, W.C.2

Des libertés brimées

Entre 1914 et 1920, la *Loi sur les mesures de guerre* a restreint les libertés civiles de centaines de milliers de personnes au Canada. Elle imposait notamment la censure et l'inscription de certains groupes, en plus de suspendre les libertés d'expression et d'association, ainsi que la protection des tribunaux.

La *Loi* touchait particulièrement les gens originaires des pays en guerre contre l'Empire britannique, que l'on désignait comme « étrangers ennemis ». Les autorités canadiennes en ont arrêté environ 8 500 et les ont détenus, sans motif ni procès, durant cette période.

« L'homme dont l'honneur a été mis en doute et qui a été humilié à l'échelle du pays s'en souviendra et, tôt ou tard, il faudra réparer ces torts. »

Daily British Whig
8 septembre 1917

Groupe de personnes internées au camp de Castle Mountain (Alberta)

1915

Avis d'inscription

Ces avis exigeaient des individus catégorisés d'« étrangers ennemis » qu'ils s'inscrivent auprès des autorités, afin qu'elles déterminent s'ils posaient un risque. Plus de 80 000 se sont inscrits et environ 8 500 d'entre eux ont été internés. Les deux tiers des personnes internées étaient d'origine ukrainienne.

Les motifs d'internement étaient multiples et souvent arbitraires. Ils incluaient le fait d'être sans emploi, d'enfreindre un règlement ou de tenter de quitter le pays.

Avis d'inscription

DOMINION OF CANADA

GERMANS, AUSTRIANS, HUNGARIANS and TURKS

ATTENTION!

Every German, Austrian, Hungarian and Turk is hereby notified to report himself immediately at the Office of the Registrar for Alien Enemies, Toronto.

The Registration Office is at 34 Adelaide St. E., Toronto

The Registrar for Alien Enemies is E. COATSWORTH.
Telephone Main 7465.

DOMINION OF CANADA

DEUTSCHE, OESTREICHER, UNGARN und TÜRKEN

ACHTUNG!

Jeder Deutsche, Oestreicher, Ungar und Türke wird hierdurch aufgefordert sich sofort in dem Registrations Bureau dieses Bezirks zu melden.

Registrations Office ist 34 Adelaide St. E.

Registrator für Angehörige feindlicher Laüder E. Coatsworth
Telephone Main 7465.

Camps d'internement et stations de réception au Canada, 1914-1920

Les personnes internées étaient livrées à la direction des opérations d'internement et détenues dans plus de 24 centres de détention temporaires et camps. Cette carte indique les emplacements identifiés à ce jour.

Les derniers camps ont fermé leurs portes en février 1920, 15 mois après la fin de la guerre. Les premières opérations d'internement au Canada ont officiellement pris fin en juin 1920.

Manitoba
Québec
Ontario
Île-du-Prince-Édouard
Prince Edward Island
on
Winnipeg
Kapuskasing
Spirit Lake
Valcartier
Beauport
Amherst
Halifax
Montréal
Sault Ste. Marie
Petawawa
Kingston
Toronto
Niagara Falls
Nouvelle-Écosse
Nova Scotia
Nouveau-Brunswick
New Brunswick

Surveillance dans les camps

Le ministère de la Milice et de la Défense a affecté 2 000 gardes à la surveillance des unités de travail en internement.

Gardes surveillant des personnes internées au camp de Castle Mountain (Alberta)

Vers 1916

Catégories de personnes internées

Selon les protocoles internationaux et les préjugés de l'époque, les personnes internées de « première classe », majoritairement d'origine allemande, avaient de meilleures conditions d'internement que les autres, de « seconde classe », majoritairement d'origine ukrainienne. Le gouvernement demandait à ces dernières d'effectuer des tâches éreintantes, comme la construction de routes et des travaux forestiers.

Internés effectuant des travaux forestiers au camps de Kapuskasing (Ontario)

Entre 1914 et 1920

En captivité au Canada

Enfermé dans un camp d'internement canadien, l'immigrant Oleksa Bilous a fabriqué ce diorama qui reflète ses origines ukrainiennes.

Dans les camps de travail, les personnes internées d'origine ukrainienne côtoyaient d'autres gens provenant de l'Empire austro-hongrois, notamment d'origine serbe, croate, hongroise, slovaque ou tchèque, ainsi que des personnes issues de l'Empire ottoman et de la Bulgarie.

Travailleur sous domination autrichienne pendant la guerre européenne. En captivité canadienne

Par Oleksa Bilous
Vers 1917

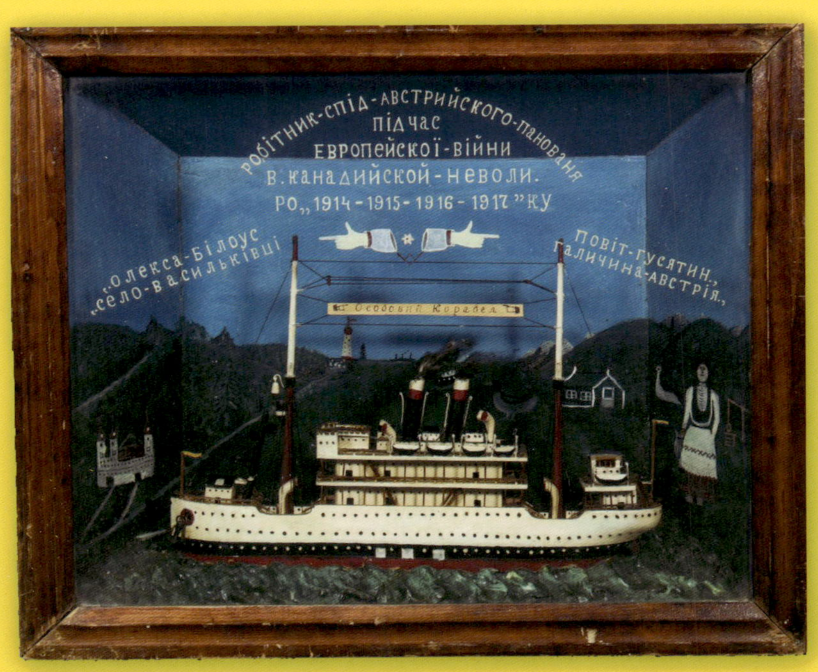
робітник-спід-австрийского-панованя
підчас
европейскої-війни
в. канадийской-неволи.
Ро,, 1914-1915-1916-1917 "ку
,,Олекса-Білоус
,,село-васильківці
Повіт-гусятин.,
Галичина-австрія.,
Особовий Корабел

Vestiges d'un passé enterré

Ces objets, issus de fouilles archéologiques récentes au camp de Morrissey, en Colombie-Britannique, sont parmi les seules traces qui témoignent de la présence et de la vie quotidienne des personnes internées.

« Ces objets redonnent une voix à des personnes qui ont été largement oubliées. »

Sarah Beaulieu
Archéologue
2015

Boîte à tabac, brique, fil barbelé, pipe et boutons

Camp Morrissey (Colombie-Britannique)
Entre 1915 et 1918

En captivité à Kapuskasing

Cette vue du camp de Kapuskasing, au nord de l'Ontario, a été peinte par une personne en captivité.

Peint pendant la guerre au camp d'internement de Kapuskasing

Artiste anonyme
Kapuskasing (Ontario)
Entre 1914 et 1920

George Forchuk, perte de biens et d'identité

George Forchuk a quitté l'Ukraine et a immigré au Canada en 1913, à l'âge de 17 ans. Il a reçu 160 acres de terre à défricher en Alberta.

Arrêté en 1915, il faisait partie d'un groupe de personnes internées qui ont été envoyées au camp de Jasper, en Alberta, pour bâtir l'infrastructure du futur parc national.

Forchuk a réussi à s'évader du camp et des travaux éreintants, mais il a dû changer d'identité pour recommencer sa vie. La terre de qualité qui lui avait été donnée ne lui a jamais été rendue.

« Même maintenant, près de 90 ans plus tard, c'est douloureux pour moi d'en parler. Ça l'a marqué pour la vie. Il a perdu son identité. Il a dû devenir quelqu'un d'autre. J'ignore encore aujourd'hui le nom de naissance de mon père. »

Marshall Forchuk
Fils de George Forchuk
2006

Photo de mariage de George et d'Anna Forchuk

Juillet 1920

Un tunnel vers la liberté

Une personne internée au camp de Morrissey, près de Fernie, en Colombie-Britannique, a fabriqué cette pelle pour creuser un tunnel en vue de s'évader.

Les tentatives d'évasion étaient dangereuses. Des 107 personnes internées mortes en captivité, six ont été tuées en tentant de s'évader.

Pelle fabriquée par une personne internée

Entre 1915 et 1918

Mary Hancharuk Bayrak, née au camp d'internement

Mary Hancharuk Bayrak est née le 16 décembre 1915 au camp de Spirit Lake, près d'Amos, en Abitibi, au Québec. Elle y a passé les huit premiers mois de sa vie.

Son père Nikolaj ayant été interné, un logement a été mis à la disposition de Mary, de sa mère Felicia, de sa grand-mère Anna et de son frère Edward. Nikolaj a été libéré sous conditions en août 1916.

« Je pensais que c'était terrible d'être dans un camp. Nous croyions qu'on y envoyait des gens qui avaient mal agi. C'est ce que nous croyions, qu'on nous avait envoyés dans un camp parce que nous venions d'ailleurs et qu'on ne nous aimait pas. Je n'ai jamais parlé de ça à qui que ce soit. »

Mary Hancharuk Bayrak
2007

Des femmes et des enfants à Spirit Lake, en Abitibi (Québec)

Entre 1914 et 1920

Les familles des personnes internées

Dans deux camps, l'un à Vernon (Colombie-Britannique) et l'autre à Spirit Lake (Québec), des logements ont été aménagés pour héberger 81 femmes et 156 enfants accompagnant les hommes internés.

D'autres familles ont reçu un peu d'argent du gouvernement pour compenser la perte du pourvoyeur. Le paiement était souvent insuffisant; des enfants devaient intégrer un orphelinat ou partir travailler.

Des femmes et des enfants accompagnant des hommes internés à Spirit Lake, en Abitibi (Québec)

Entre 1914 et 1918

Claudius Brown, objecteur de conscience

Originaire de la Grenade, dans les Antilles, Claudius Brown vivait à Winnipeg en 1918. Conscrit, il a réclamé sans succès le statut d'objecteur de conscience. En effet, un nombre limité d'individus, appartenant à des groupes religieux précis, pouvaient se prévaloir de ce statut.
Cependant, les tribunaux ne reconnaissaient pas les Témoins de Jéhovah comme groupe religieux légitime.

Refusant de servir pour des motifs religieux, Brown a été envoyé au camp militaire de Seaford, en Angleterre, jugé et condamné à un an de prison. Qualifié « d'incorrigible » par ses officiers supérieurs, Brown fut libéré le 14 décembre 1918.

« J'atteste que ce formulaire a été lu au soldat Brown C. et qu'il refuse de le signer en tant qu'objecteur de conscience. »

Renseignements sur une recrue
Corps expéditionnaire canadien
1918

Claudius Brown
(au centre de la rangée du bas)

Terres expropriées pour une production accrue

La Nation Kainai, en Alberta, a été l'une des nombreuses communautés touchées par la campagne fédérale visant une production agricole accrue. Lancée par le gouvernement en février 1918, cette campagne prévoyait l'établissement d'un programme de fermes gérées par l'État sur des terres des Premières Nations et la location de certaines de ces terres à des familles agricultrices non autochtones.

Des personnes d'origine européenne ont ainsi obtenu 90 000 acres de terres agricoles que la Nation Kainai avait refusé de vendre en 1916. Les communautés autochtones qui vivaient sur ces terres ont été dépossédées.

Fermiers de la Nation Kainai à Fort Macleod (Alberta)

1915

RUMELY

Ø2

La Seconde Guerre mondiale : le contrôle des libertés

S'engager dans une guerre totale

Le 10 septembre 1939, le Canada est entré en guerre de son plein gré, puisqu'il avait acquis son indépendance de la Grande- Bretagne dans le domaine des affaires étrangères.

Mieux préparé qu'en 1914, le gouvernement du premier ministre Mackenzie King a rapidement instauré des mesures préventives. Une semaine avant l'entrée en guerre, la *Loi sur les mesures de guerre* a été réactivée et les *Règlements concernant la Défense du Canada* ont été adoptés pour contrer toute menace.

« J'invite mes concitoyens canadiens à unir leurs forces dans un effort national pour sauver de la destruction tout ce qui rend la vie digne d'être vécue et préserver pour les générations à venir les libertés et les institutions que d'autres nous ont léguées. »

William Lyon Mackenzie King
Premier ministre du Canada
3 septembre 1939

Affiche de recrutement
1940

Contrôle des médias

Le gouvernement utilisait les médias pour diffuser ses messages. Les *Règlements concernant la Défense du Canada* lui permettaient de censurer la presse et d'interdire, sous peine d'amende et d'emprisonnement, tout propos pouvant nuire à la sécurité nationale ou à l'effort de guerre.

« En temps de paix, les gens ne toléreront pas la surveillance policière stricte et la restriction des libertés civiles qui deviennent nécessaires lors de crises comme celle que nous vivons. »

The Hamilton Spectator
11 juin 1940

Affiche de sécurité en temps de guerre

Entre 1939 et 1941

Accroître les préjugés

Suivant l'entrée en guerre, aux côtés de l'Allemagne, de l'Italie (1940) et du Japon (1941), des journaux et des publications gouvernementales contribuaient à amplifier la crainte, les préjugés et la discrimination envers les Canadiennes et les Canadiens d'origine italienne et japonaise.

Publicité d'une campagne d'obligations de la Victoire

1942

Un système cohésif

La *Loi sur les mesures de guerre* permettait à la Gendarmerie royale du Canada (GRC) d'exercer son travail sans trop de contraintes. La police dressait des listes de personnes suspectes et effectuait des arrestations suivant l'approbation d'un comité consultatif du gouvernement fédéral. Quant au système judiciaire, il appuyait largement les mesures d'urgence mises en place.

Avis aux hommes « étrangers ennemis »

1942

Regroupements citoyens

Quelques associations de défense des libertés civiles étaient à l'œuvre durant la guerre. La Civil Liberties Association of Toronto a même organisé des rassemblements qui ont attiré plusieurs milliers de personnes.

L'association surveillait de près l'application des *Règlements concernant la Défense du Canada* et militait pour le rétablissement d'organisations interdites.

CITIZENS' RALLY

TONIGHT, JULY 17TH

AT 8 O'CLOCK

MAPLE LEAF GARDENS

To discuss Defence of Canada Regulations . . . the ban on the Communist Party and other clauses which hamper the war effort.

Speakers:

Arthur Garfield Hays, Distinguished American Civil Liberties Counsel

J. W. Noseworthy, M.P.

C. S. Jackson, International Vice-President, United Electrical Radio and Machine Workers of America

Russell Harvey, Executive Member, Toronto District, Trades and Labour Council

Chairman - ARTHUR W. ROEBUCK, K.C., M.P.

Musical Program *The Gardens are comfortably cooled*

COME TO THE RALLY, AND HELP FURTHER CANADIAN DEMOCRACY !

Auspices — Civil Liberties Association of Toronto

Regroupement citoyen au Maple Leaf Gardens de Toronto

17 juillet 1942

Autre guerre, autres groupes ciblés

La réactivation de la *Loi sur les mesures de guerre* en 1939 a affecté des dizaines de milliers de personnes au Canada. Encore une fois, les gens originaires des pays en guerre contre le Canada ont été particulièrement touchés.

Dans les récits qui suivent, vous pourrez voir les conséquences troublantes de ces mesures sur les personnes d'origine allemande, italienne et japonaise, sur les familles chippewas déplacées et sur un prisonnier politique.

Raymond Moriyama et sa mère Elsie Nobuko, au camp de Slocan (Colombie-Britannique)

Printemps 1943

SEMOLINA

Aventures derrière les barbelés

En 1939, Otto Ellmaurer, qui vivait au Canada depuis 10 ans, a été arrêté et accusé par la GRC d'appartenir à un groupe pronazi. Il a produit des scènes humoristiques de son internement au camp de Kananaskis, en Alberta.

Environ 850 des 600 000 Canadiennes et Canadiens d'origine allemande furent internés pendant la Seconde Guerre mondiale. En 1942, la majorité de ces gens étaient déjà libérés, faute de preuves incriminantes.

***Humoristishche Erlebnisse Hinterm Drahtverhau Konzentration* (*Aventures humoristiques derrière les barbelés*)**

Otto Ellmaurer
Kananaskis (Alberta)
Vers 1939

***Leo und seine Künstler!* (*Léo et ses artistes!*)**

Otto Ellmaurer
Kananaskis (Alberta)
Vers 1939

Kananaskis Record.
von
OTTO ELLMAURER
HUMORISTISCHE ERLEBNISSE
·HINTERM DRAHTVERHAU·
-Konzentration-

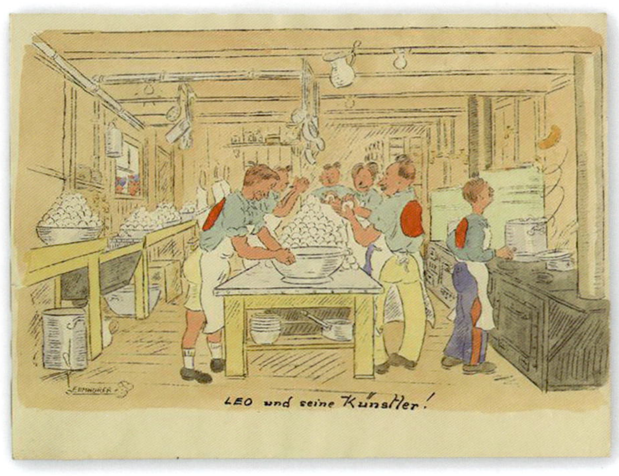
LEO und seine Künstler!

Garde territoriale des anciens combattants

La surveillance dans les camps d'internement était effectuée principalement par des vétérans de la Première Guerre mondiale jugés trop âgés pour servir outre-mer.

Inspection au camp de Kananaskis (Alberta)

24 février 1940

8

Vincenzo Poggi, peintre en captivité

L'artiste Vincenzo Poggi, qui était au Canada depuis 1929, a été l'une des 500 personnes de la communauté italo-canadienne internées pendant la Seconde Guerre mondiale. Son arrestation en 1940 était peut-être liée à son rôle dans un service de presse servant d'agence de propagande pour l'Italie fasciste.

Interné dans les camps de Petawawa (Ontario) et de Fredericton (Nouveau- Brunswick), Poggi a été libéré sous conditions en 1943 : il devait se rapporter chaque mois à la GRC et éviter toute activité fasciste.

« J'ai été interné à Petawawa le 6 janvier 1942. Au camp, des leaders fascistes ont refusé de m'accorder une place dans la baraque 11 [parce que] je n'étais pas un bon fasciste et que seuls les bons fascistes étaient acceptés dans cette baraque. »

Vincenzo Poggi
Vers 1943

Le sac de paquetage de Vincenzo Poggi indique les lieux et les années de son confinement, ainsi que le cercle rouge traditionnellement associé à l'uniforme des gens prisonniers de guerre.

Sac de Vincenzo Poggi

Vers 1943

Interné communiste

S. G. Neil, un Finno-Canadien de Sudbury (Ontario), faisait partie de la centaine d'individus internés suivant l'interdiction du Parti communiste canadien, en 1940.

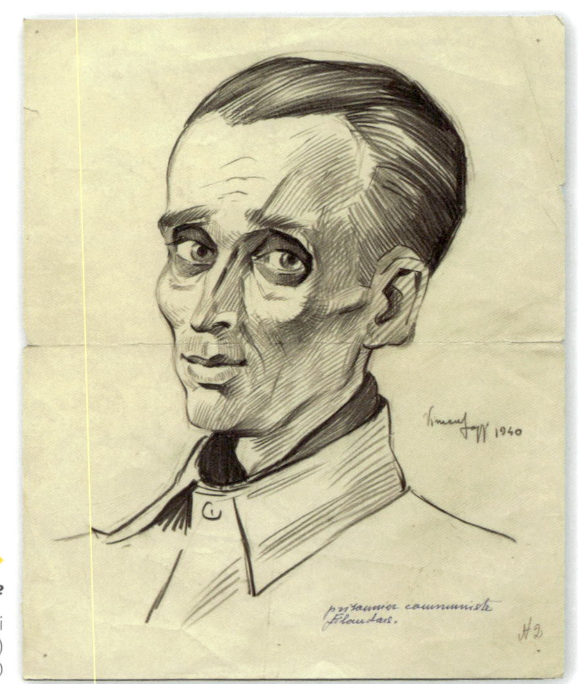

Prisonnier communiste

Par Vincenzo Poggi
Petawawa (Ontario)
1940

Sandra Corbo, une enfance brisée

Suivant l'internement de son grand-père et de son oncle Nicola, Sandra Corbo, deux ans, a déménagé de Toronto à Montréal avec ses parents pour aider la famille élargie. Son père et sa mère devant travailler, Sandra a été placée à l'orphelinat pendant deux ans.

Soixante-dix ans plus tard, elle affirmait que cette expérience traumatisante l'a marquée à vie.

« J'ai 73 ans et ça me fait encore horriblement mal. Notre famille a été couverte de honte. Le sentiment d'indignité, d'être considérée comme traître. C'est le reflet de la perception publique à notre endroit. »

Sandra Corbo
2011

Sandra Corbo (à gauche)

« Le voyage aux enfers » de Mary Murakami Kitagawa

L'attaque du Japon contre Pearl Harbor, en décembre 1941, a transformé la vie de dizaines de milliers de Canadiennes et de Canadiens d'origine japonaise.

En 1942, la *Loi sur les mesures de guerre* a été invoquée pour ordonner à plus de 21 000 personnes d'origine japonaise, dont 75 % avaient la nationalité canadienne, de déménager à un minimum de 160 kilomètres de la côte ouest.

La ferme et la demeure du père de Mary Murakami Kitagawa, sept ans, ont été saisies et vendues. Forcée de déménager à une dizaine de reprises entre 1942 et 1946, la famille a été soumise aux conditions difficiles des camps de la Colombie-Britannique et aux durs labeurs sur les fermes de betteraves de l'Alberta.

Les parents de Mary Murakami Kitagawa n'ont jamais recouvré leur ferme. En 1946, la famille s'est installée à Magrath, en Alberta.

« Ma famille a été chassée de notre maison dans ce tourbillon de haine. Notre expérience de l'incarcération a été brutale et déshumanisante. »

Mary Murakami Kitagawa
2019

Mary Murakami Kitagawa (deuxième à partir de la gauche)

Privés de leurs biens

Dépouillé de ses actifs, le père de Mary Murakami Kitagawa fabriquait, au camp, les *getas* que ses enfants portaient durant l'été afin de garder leurs chaussures pour le reste de l'année.

Getas

Par Katsuyori Murakami
Entre 1942 et 1945

Dispersion ou déportation

Vers la fin de la guerre, le gouvernement a demandé aux Canadiennes et aux Canadiens d'origine japonaise de s'installer à l'est des Rocheuses ou de signer des documents confirmant leur déportation au Japon après la fin du conflit. Environ 4 000 personnes – la moitié étant née au Canada – partirent pour le Japon en 1946.

Canadiennes et Canadiens d'origine japonaise relocalisés de force pendant la Seconde Guerre mondiale puis déportés au Japon

Slocan (Colombie-Britannique)
1946

Norman Takeuchi, un passé douloureux

L'oeuvre *A Measured Act* (*Un acte mesuré*) de l'artiste Norman Takeuchi, né à Vancouver en 1937, dépeint l'expérience des 21 000 Canadiennes et Canadiens d'origine japonaise, dont l'artiste et sa famille, déplacés de force vers des collectivités isolées et des camps d'internement.

Composée de cinq kimonos grandeur nature en papier et de dessins réalisés au crayon Conté, cette oeuvre témoigne également du long processus de réconciliation de l'artiste avec son héritage japonais.

« Membre d'une communauté bouleversée par des années d'internement, j'aborde des points de vue divergents dans mes oeuvres : les difficultés surmontées au départ pour reconnaître mon héritage japonais et l'acceptation subséquente de celui-ci. »

Norman Takeuchi
2019

Ken Takeuchi (à gauche), Bob Takeuchi (au centre) et Norman Takeuchi (à droite)

1947

A Measured Act – Angler
(*Un acte mesuré – Angler*)

Par Norman Takeuchi
Acrylique, crayon Conte et pastel à l'huile
2006

Stony Point, des familles chippewas déplacées

En 1942, le ministère de la Défense nationale a invoqué la *Loi sur les mesures de guerre* pour s'approprier la réserve de Stony Point (à 35 kilomètres au nord de Sarnia, en Ontario) et créer la base militaire d'Ipperwash. Une vingtaine de familles chippewas ont été relocalisées de force sur la réserve de Kettle Point. S'ensuivront des décennies de contestations pour récupérer leurs terres.

« Nous ne nous rangeons pas du côté de Hitler et de ses conseillers sans cœur. Tout ce que nous aimerions, c'est conserver Stony Point pour nos descendants. Je suis l'Aînée et j'ai le droit de m'exprimer sur l'héritage de nos pauvres enfants. »

Beattie Greenbird
Aînée de la bande et résidante de Kettle Point
24 avril 1942

Une maison déplacée de Stony Point à Kettle Point (Ontario)

1942

Camillien Houde, prisonnier politique

En août 1940, Camillien Houde, maire de Montréal, s'est opposé publiquement à la *Loi sur la mobilisation des ressources nationales*. En vertu de cette loi, toute la population de 16 ans et plus devait s'inscrire dans un registre national dans un but de mobilisation totale de la main-d'oeuvre.

Arrêté par la GRC, Houde a passé quatre ans dans les camps d'internement de Petawawa, en Ontario, et de Fredericton, au Nouveau-Brunswick. Libéré le 16 août 1944, il est rentré à Montréal en héros.

« La différence entre l'internement et la geôle, c'est que l'un peut être pour la durée de la guerre tandis que la prison a un terme fixe. Ignorer le terme de sa captivité est un supplice. »

Camillien Houde
Lettre à sa femme
7 août 1940

Camillien Houde

Années 1930

Prisonnier de guerre numéro 694

Comme en témoigne cet écusson, Camillien Houde a été désigné prisonnier de guerre numéro 694 lors de son séjour au camp de Petawawa (Ontario), de 1940 à 1942.

Écusson de camp de Camillien Houde

Vers 1942

Vers la crise d'Octobre : le début d'un temps nouveau

À la fin des années 1960, le Québec et le monde ont vécu des soubresauts, pacifiques ou violents, témoignant d'une volonté aigüe de changement.

Jouez Québec

Disque de Robert Charlebois
1969

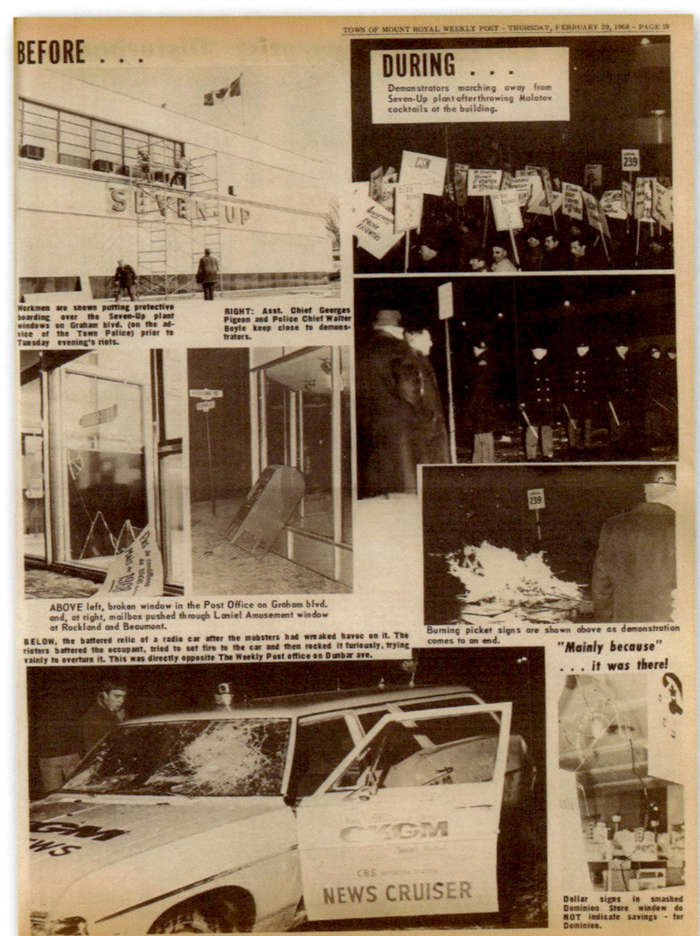

TOWN OF MOUNT ROYAL WEEKLY POST - THURSDAY, FEBRUARY 29, 1968 - PAGE 19

BEFORE . . .

Workmen are shown putting protective boarding over the Seven-Up plant windows on Graham blvd. (on the advice of the Town Police) prior to Tuesday evening's riots.

DURING . . .

Demonstrators marching away from Seven-Up plant after throwing Molotov cocktails at the building.

RIGHT: Asst. Chief Georges Pigeon and Police Chief Walter Boyle keep close to demonstrators.

ABOVE left, broken window in the Post Office on Graham blvd. and, at right, mailbox pushed through Laniel Amusement window at Rockland and Beaumont.

Burning picket signs are shown above as demonstration comes to an end.

BELOW, the battered relic of a radio car after the mobsters had wreaked havoc on it. The rioters battered the occupant, tried to set fire to the car and then rocked it furiously, trying vainly to overturn it. This was directly opposite The Weekly Post office on Dunbar ave.

"Mainly because" . . . it was there!

Dollar signs in smashed Dominion Store window do NOT indicate savings - for Dominion.

Grève violente à l'usine Seven-Up de Mont-Royal

29 février 1968

Tempête en octobre 1970

« Octobre 1970 aura été un tournant dans l'histoire de notre pays. Le Canada n'est plus ce qu'il était. »

John Turner
Ministre de la Justice du Canada
4 novembre 1970

La crise d'Octobre 1970 a marqué la troisième invocation de la *Loi sur les mesures de guerre*, la première en temps de paix. Le Front de libération du Québec (FLQ), mouvement révolutionnaire prônant l'indépendance du Québec, a procédé à deux enlèvements politiques. Du jamais vu en Amérique du Nord! Les gouvernements et l'opinion publique majoritaire voulaient une réponse musclée, mais des voix dissidentes s'alarmaient de la suspension des libertés.

Garçonnet passant devant des camions militaires

Novembre 1970

Front de libération du Québec : indépendance, socialisme, révolution

Fondé en 1963, le FLQ prônait l'indépendance du Québec et le socialisme.

Jusqu'en 1970, il a commis plus de 200 attentats à la bombe, sans compter des vols d'armes, de dynamite et d'argent. En plus d'avoir causé la mort de neuf personnes, il a mis le pays en état de crise avec l'enlèvement du diplomate britannique James Cross, le 5 octobre, et celui du ministre québécois Pierre Laporte, le 10 octobre. La découverte du cadavre de Laporte, le 17 octobre, a traumatisé la population.

« Le Front de libération du Québec veut l'indépendance totale des Québécois, réunis dans une société libre et purgée à jamais de sa clique de requins voraces, les "big boss" patroneux et leurs valets qui ont fait du Québec leur chasse gardée du cheap labor et de l'exploitation sans scrupules. »

Manifeste du FLQ
Octobre 1970

Première page du manifeste du FLQ

Octobre 1970

front de libération du québec

MANIFESTE

Le Front de Libération du Québec n'est pas le messie, ni un Robin des bois des temps modernes. C'est un regroupement de travailleurs québécois qui sont décidés à tout mettre en oeuvre pour que le peuple du Québec prenne définitivement en mains son destin.

Le Front de Libération du Québec veut l'indépendance totale des Québécois, réunis dans une société libre et purgée à jamais de sa clique de requins voraces, les "big-boss" patronneux et leurs valets qui ont fait du Québec leur chasse-gardée du cheap labor et de l'exploitation sans scrupules.

Le Front de Libération du Québec n'est pas un mouvement d'agression, mais la réponse à une agression, celle organisée par la haute finance par l'entremise des marionnettes des gouvernements fédéral et provincial (le show de la Brinks, le bill 63, la carte électorale, la taxe dite de " progrès social" (sic), power corporation, l'assurance-médecins, les gars de Lapalme...) .

Le Front de Libération du Québec s'auto-finance d'impôts volontaires (sic) prélevés à même les entreprises d'exploitation des ouvriers (banques, compagnies de finance, etc ...)

Gouvernement du Québec : négociations et déchirements

Le gouvernement du Québec, dirigé par Robert Bourassa, a été secoué par l'enlèvement du diplomate James Cross, le 5 octobre 1970, et traumatisé par celui de Pierre Laporte, ministre du Travail, cinq jours plus tard. Comment sauver ces deux vies? Négocier avec les ravisseurs? Les combattre coûte que coûte?

« Ils commencent par des rassemblements. Ensuite, ils passent aux bombes, et maintenant aux enlèvements. Il nous faut arrêter cela, car où cela finira-t-il? Il ne s'agit pas de limiter les libertés civiles de la population. Il s'agit de sauver la démocratie. »

Robert Bourassa
Premier ministre du Québec
Entrevue à la radio de la CBC
16 octobre 1970

***Autumn Hostage* (*L'otage de l'automne*)**

Sculpture en hommage à Pierre Laporte
Par William Hodd McElcheran
Après 1970

Ville de Montréal : « Protéger la société »

Montréal était en émoi à la fin des années 1960. Les grèves et les manifestations, souvent violentes, s'intensifiaient. On dénonçait le capitalisme, la domination anglo-américaine, la guerre du Vietnam… La propre maison du maire Drapeau a été dynamitée.

La crise d'Octobre avait son épicentre à Montréal. La police était essoufflée, débordée. Mais la majorité silencieuse appuyait Jean Drapeau. Aux élections municipales du 25 octobre 1970, il a remporté 92 % des voix et la totalité des sièges.

« L'assistance des gouvernements supérieurs est devenue essentielle pour protéger la société du complot séditieux et de l'insurrection appréhendée. »

Jean Drapeau
Maire de Montréal
Lettre au premier ministre du Canada
Pierre Elliott Trudeau
15 octobre 1970

Patrouille de militaires devant l'hôtel de ville de Montréal

16 octobre 1970

Gouvernement du Canada : une riposte massive

La *Loi sur les mesures de guerre* a été invoquée le 16 octobre 1970, à l'aube. La Chambre des communes l'a entérinée par un vote massif de 190 à 16.

Le gouvernement fédéral répondait aux demandes écrites des autorités du Québec et de la Ville de Montréal, qui craignaient une « insurrection appréhendée ».

« La *Loi sur les mesures de guerre* accorde au Gouvernement des pouvoirs très étendus. [...] Mais, sans eux, la police ne pourrait pas avoir raison de ces individus qui se sont voués au renversement de notre régime démocratique par la violence. »

Pierre Elliott Trudeau
Premier ministre du Canada
16 octobre 1970

Pierre Elliott Trudeau

Premier ministre du Canada
18 octobre 1970

SBN

Forces de l'ordre : le grand déploiement

Le 15 octobre, veille de l'invocation de la *Loi sur les mesures de guerre*, le gouvernement québécois demandait à l'armée d'intervenir, en vertu de la *Loi sur la défense nationale*. Environ 12 000 troupes ont été déployées au Québec et à Ottawa. Elles y sont demeurées jusqu'au 4 janvier 1971.

Leurs missions : protéger les personnalités de marque, garder les installations stratégiques, rassurer la population.

Par ailleurs, un décret sans précédent du gouvernement Bourassa a désigné la Sûreté du Québec responsable de toutes les forces policières de la province, soit environ 13 000 hommes.

« Jusqu'à ce que la menace immédiate soit contenue, il ne fait aucun doute que des mesures de sécurité physique extraordinaires sont nécessaires et efficaces. »

John Starnes
Directeur général du Service de sécurité de la Gendarmerie royale du Canada
22 octobre 1970

Casque de protection balistique de l'Armée canadienne

Années 1960

Opinion publique : confiance envers les autorités

Une très forte majorité, tant au Québec que dans l'ensemble du pays, appuyait l'application des mesures de guerre. Un sondage d'opinion de la mi-décembre 1970 notait un appui massif de 87 % – le taux le plus élevé jamais enregistré pour une décision gouvernementale. Autre indice : le bureau du premier ministre Trudeau a reçu 12 000 lettres et télégrammes jusqu'au 18 décembre 1970; moins de 2 % dénonçaient l'action du gouvernement fédéral.

« Le Québec vit actuellement sur un volcan. Ce n'est plus le temps de se pourfendre de beaux et grands principes de démocratie. Nous devons faire confiance aux élus du peuple [...]. Il sera toujours temps de signaler les erreurs, si erreur il y a. [...] C'est notre liberté qui est en jeu. »

Sylvio Saint-Amant
Le Nouvelliste
17 octobre 1970

Kiosque à journaux à Montréal
Octobre 1970

Gazette

Dissidence : la fin ne justifie pas les moyens

Bien que minoritaire à l'échelle québécoise et canadienne, la protestation contre les mesures d'exception s'exprimait avec conviction au Québec auprès de la jeunesse intellectuelle de gauche, largement indépendantiste.

Des voix dissidentes provenaient aussi du Canada anglophone. Sans appuyer le FLQ ni l'indépendance du Québec, on exigeait le maintien des libertés fondamentales.

« Nous ne sommes pas prêts à accepter qu'on utilise la préservation de l'ordre et de la paix comme un écran de fumée pour détruire les libertés et les droits du peuple canadien. [...] À mon avis, le gouvernement utilise une masse pour écraser une cacahuète. »

Tommy Douglas
Chef du Nouveau Parti démocratique du Canada
16 octobre 1970

Le Quartier latin
Journal étudiant de l'Université de Montréal
7 novembre 1970

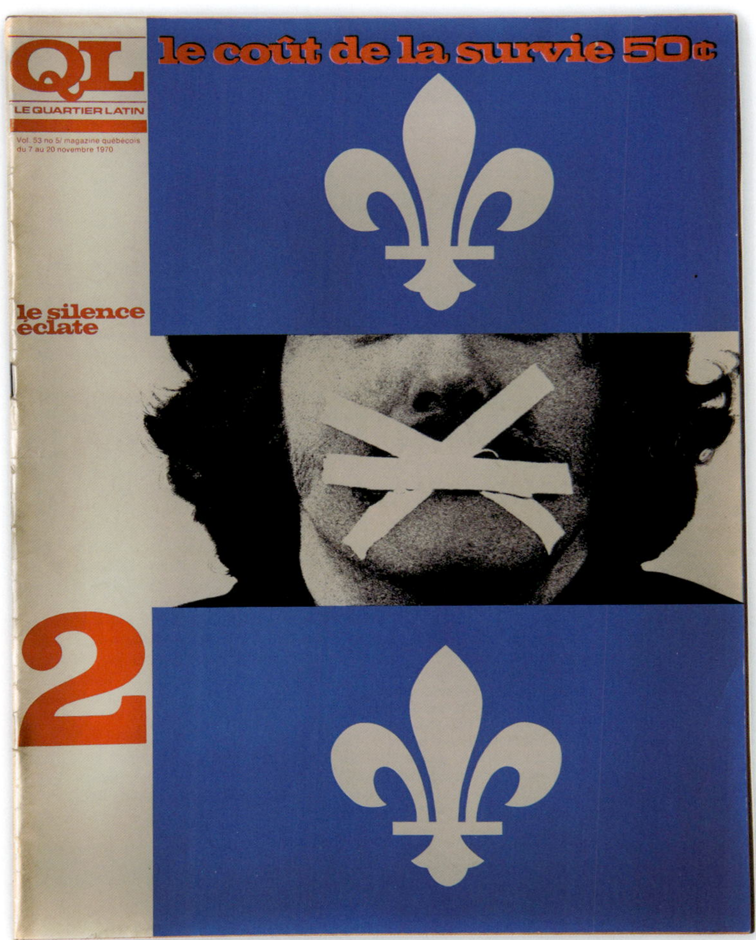

QL
LE QUARTIER LATIN
le coût de la survie 50¢
Vol. 53 no 5/ magazine québécois
du 7 au 20 novembre 1970
le silence
éclate
2

Arrestations et perquisitions

Dès le vendredi 16 octobre 1970, à la proclamation de la *Loi sur les mesures de guerre*, les forces policières lançaient une série d'arrestations. Plus de 500 personnes ont été emprisonnées, certaines quelques heures, d'autres plusieurs mois. Très peu ont subi un procès, et une poignée a été condamnée.

La police a aussi mené plus de 30 000 perquisitions. Tout le monde traversait la même crise politique. Et pourtant, chaque expérience était très personnelle.

« Mon fils est en prison
Et moi je sens en moi
Dans le tréfonds de moi
Pour la première fois
Malgré moi, malgré moi
Entre la chair et l'os
S'installer la colère »

Félix Leclerc
L'alouette en colère
1970

Couloir de cellules superposées du centre de détention Parthenais

2
3

La chanteuse et le poète

Pauline Julien (1928-1998) était une chanteuse connue pour sa fougue, son féminisme et son appui à l'indépendance du Québec. Son conjoint Gérald Godin (1938-1994), poète et futur député, était aussi directeur des éditions Parti pris et collaborateur de l'hebdomadaire populaire *Québec-Presse*.

Le couple a été emprisonné pendant huit jours, puis libéré sans accusation. À sa libération, Pauline Julien a découvert avec stupeur une maison vide. Ses enfants (15 ans et 18 ans), trois de leurs camarades et sa soeur avaient aussi été raflés par la police.

« eille les pacifistes
eille les silencieux
eille la majorité où êtes-vous donc
du fond des prisons
du fond de l'injustice
ils crient vers vous »

Pauline Julien
Eille
1971

Gérald Godin et Pauline Julien
1969

De toutes les luttes

Michel Chartrand (1916-2010) a été une figure centrale de la Confédération des syndicats nationaux. Il était de toutes les luttes – ouvrières, sociales et politiques.

Connu pour ses positions socialistes et son langage coloré, il a été arrêté le 16 octobre 1970 et a passé quatre mois en prison.

Simonne Monet-Chartrand, militante féministe et pacifiste, s'est surmenée durant l'emprisonnement de son mari. Elle a multiplié les conférences, les entrevues et les démarches, en plus de gérer la maison familiale.

« Il y a certainement de la mauvaise foi, de la mauvaise volonté, de l'incurie, de l'incompétence et puis de la mauvaise administration. Je ne connais rien de plus mal géré que la justice dans le Québec. »

Michel Chartrand
T émoignage à son procès
1er février 1971

Simonne Monet-Chartrand accompagnant Michel Chartrand à sa sortie de prison

16 février 1971

Médecin et militant

Serge Mongeau (1937-) est un médecin communautaire connu pour ses livres et ses émissions de vulgarisation. Il a aussi milité au Mouvement pour la défense des prisonniers politiques québécois, qui veillait à ce que les membres du FLQ reçoivent pleine justice. Arrêté au volant de sa voiture, il a été détenu une semaine.

> « Je suis un "prisonnier de guerre", de cette guerre que personne n'a déclarée mais dont la proclamation permet aux autorités en place de mener plus à fond la répression déjà entreprise depuis longtemps. Je suis derrière les barreaux sans savoir pourquoi. »
>
> **Serge Mongeau**
> Lettre ouverte au premier ministre du Québec Robert Bourassa
> 30 octobre 1970

Serge Mongeau (à droite) et Pauline Julien (à l'arrière)

12 décembre 1970

L'homme de tous les contacts

Nick Auf der Maur (1942-1998) était un journaliste et un touche-à-tout anglo-montréalais. Au *Montreal Star*, au réseau de la CBC et au magazine alternatif *The Last Post*, il a multiplié les contacts.

Il a ainsi connu des membres du FLQ. On l'a emprisonné quatre jours pour ses amitiés jugées douteuses. Comme bon nombre d'anglophones, il protestait contre les mesures d'exception.

« Jusqu'à ce moment-là [...] j'avais toujours cru vaguement que les forces policières, sinon les autorités, agissaient de bonne foi et ciblaient seulement les personnes qu'elles croyaient coupables. J'ai désormais un sentiment très différent. Elles visent tout le monde. »

Nick Auf der Maur
« Memoirs of a Prisoner of War »
(« Mémoires d'un prisonnier de guerre »),
The Last Post
Novembre 1970

Nick Auf der Maur

11 février 1972

Des idées qui dérangent

Le réalisateur Jacques Larue-Langlois (1934-2001) avait des convictions radicales, même s'il était personnellement non-violent. Radio-Canada l'a congédié pour ses idées en 1968.

Il a alors fondé l'Agence de presse libre du Québec, au service des groupes contestataires. Raflé le 16 octobre 1970, il n'a été libéré que le 16 juin 1971.

« contre la délirante folie
des lois d'exception
contre l'éloquent entêtement des nantis
contre l'ignorance où on a maintenu nos pères
contre l'absurde béton des murs de ma prison
contre la faim brûlante qui me tient au ventre
contre les privations qui n'en finissent plus
contre l'infini désert
où elles m'ont conduit »

Jacques Larue-Langlois
Soixante-treizième jour
1971

Jacques Larue- Langlois, poing levé, célèbre son acquittement. À sa droite : Robert Lemieux et Charles Gagnon, deux coaccusés du « procès des Cinq ». À sa gauche : son fils Renaud.

16 juin 1971

INTERDIT
8AM - 7PM
LUN à SAM

Épilogue : un long chemin

La situation des libertés civiles au Canada a poursuivi son évolution depuis 1970. Les communautés et les individus affectés par la *Loi sur les mesures de guerre* ont contribué aux changements. Les libertés demeurent fragiles, même si des annonces solennelles et de nouvelles lois ont marqué des avancées concrètes.

Charte canadienne des droits et libertés

17 avril 1982

CHARTE CANADIENNE DES DROITS ET LIBERTÉS

Attendu que le Canada est fondé sur des principes qui reconnaissent la suprématie de Dieu et la primauté du droit:

Garantie des droits et libertés

1. La *Charte canadienne des droits et libertés* garantit les droits et libertés qui y sont énoncés. Ils ne peuvent être restreints que par une règle de droit, dans des limites qui soient raisonnables et dont la justification puisse se démontrer dans le cadre d'une société libre et démocratique.

Libertés fondamentales

2. Chacun a les libertés fondamentales suivantes: *a)* liberté de conscience et de religion; *b)* liberté de pensée, de croyance, d'opinion et d'expression, y compris la liberté de la presse et des autres moyens de communication; *c)* liberté de réunion pacifique; *d)* liberté d'association.

Droits démocratiques

3. Tout citoyen canadien a le droit de vote et est éligible aux élections législatives fédérales ou provinciales. 4.(1) Le mandat maximal de la Chambre des communes et des assemblées législatives est de cinq ans à compter de la date fixée pour le retour des brefs relatifs aux élections générales correspondantes. (2) Le mandat de la Chambre des communes ou celui d'une assemblée législative peut être prolongé respectivement par le Parlement ou par la législature en question au-delà de cinq ans en cas de guerre, d'invasion ou d'insurrection, réelles ou appréhendées, pourvu que cette prolongation ne fasse pas l'objet d'une opposition exprimée par les voix de plus du tiers des députés de la Chambre des communes ou de l'assemblée législative. 5. Le Parlement et les législatures tiennent une séance au moins une fois tous les douze mois.

Liberté de circulation et d'établissement

6.(1) Tout citoyen canadien a le droit de demeurer au Canada, d'y entrer ou d'en sortir. (2) Tout citoyen canadien et toute personne ayant le statut de résident permanent au Canada ont le droit: *a)* de se déplacer dans tout le pays et d'établir leur résidence dans toute province; *b)* de gagner leur vie dans toute province. (3) Les droits mentionnés au paragraphe (2) sont subordonnés: *a)* aux lois et usages d'application générale en vigueur dans une province donnée, s'ils n'établissent entre les personnes aucune distinction fondée principalement sur la province de résidence antérieure ou actuelle; *b)* aux lois prévoyant de justes conditions de résidence en vue de l'obtention des services sociaux publics.(4) Les paragraphes (2) et (3) n'ont pas pour objet d'interdire les lois, programmes ou activités destinés à améliorer, dans une province, la situation d'individus défavorisés socialement ou économiquement, si le taux d'emploi dans la province est inférieur à la moyenne nationale.

Garanties juridiques

7. Chacun a droit à la vie, à la liberté et à la sécurité de sa personne; il ne peut être porté atteinte à ce droit qu'en conformité avec les principes de justice fondamentale. 8. Chacun a droit à la protection contre les fouilles, les perquisitions ou les saisies abusives. 9. Chacun a droit à la protection contre la détention ou l'emprisonnement arbitraire. 10. Chacun a le droit, en cas d'arrestation ou de détention: *a)* d'être informé dans les plus brefs délais des motifs de son arrestation ou de sa détention; *b)* d'avoir recours sans délai à l'assistance d'un avocat et d'être informé de ce droit; *c)* de faire contrôler, par *habeas corpus*, la légalité de sa détention et d'obtenir, le cas échéant, sa libération. 11. Tout inculpé a le droit: *a)* d'être informé sans délai anormal de l'infraction précise qu'on lui reproche; *b)* d'être jugé dans un délai raisonnable; *c)* de ne pas être contraint de témoigner contre lui-même dans toute poursuite intentée contre lui pour l'infraction qu'on lui reproche; *d)* d'être présumé innocent tant qu'il n'est pas déclaré coupable, conformément à la loi, par un tribunal indépendant et impartial à l'issue d'un procès public et équitable; *e)* de ne pas être privé sans juste cause d'une mise en liberté assortie d'un cautionnement raisonnable; *f)* sauf s'il s'agit d'une infraction relevant de la justice militaire, de bénéficier d'un procès avec jury lorsque la peine maximale prévue pour l'infraction dont il est accusé est un emprisonnement de cinq ans ou une peine plus grave; *g)* de ne pas être déclaré coupable en raison d'une action ou d'une omission qui, au moment où elle est survenue, ne constituait pas une infraction d'après le droit interne du Canada ou le droit international et n'avait pas de caractère criminel d'après les principes généraux de droit reconnus par l'ensemble des nations; *h)* d'une part de ne pas être jugé de nouveau pour une infraction dont il a été définitivement acquitté, d'autre part de ne pas être jugé ni puni de nouveau pour une infraction dont il a été définitivement déclaré coupable et puni; *i)* de bénéficier de la peine la moins sévère, lorsque la peine qui sanctionne l'infraction dont il est déclaré coupable est modifiée entre le moment de la perpétration de l'infraction et celui de la sentence. 12. Chacun a droit à la protection contre tous traitements ou peines cruels et inusités. 13. Chacun a droit à ce qu'aucun témoignage incriminant qu'il donne ne soit utilisé pour l'incriminer dans d'autres procédures, sauf lors de poursuites pour parjure ou pour témoignages contradictoires. 14. La partie ou le témoin qui ne peuvent suivre les procédures, soit parce qu'ils ne comprennent pas ou ne parlent pas la langue employée, soit parce qu'ils sont atteints de surdité, ont droit à l'assistance d'un interprète.

Droits à l'égalité

15.(1) La loi ne fait acception de personne et s'applique également à tous, et tous ont droit à la même protection et au même bénéfice de la loi, indépendamment de toute discrimination, notamment des discriminations fondées sur la race, l'origine nationale ou ethnique, la couleur, la religion, le sexe, l'âge ou les déficiences mentales ou physiques. (2) Le paragraphe (1) n'a pas pour effet d'interdire les lois, programmes ou activités destinés à améliorer la situation d'individus ou de groupes défavorisés, notamment du fait de leur race, de leur origine nationale ou ethnique, de leur couleur, de leur religion, de leur sexe, de leur âge ou de leurs déficiences mentales ou physiques.

Langues officielles du Canada

16.(1) Le français et l'anglais sont les langues officielles du Canada; ils ont un statut et des droits et privilèges égaux quant à leur usage dans les institutions du Parlement et du gouvernement du Canada. (2) Le français et l'anglais sont les langues officielles du Nouveau-Brunswick; ils ont un statut et des droits et privilèges égaux quant à leur usage dans les institutions de la Législature et du gouvernement du Nouveau-Brunswick. (3) La présente charte ne limite pas le pouvoir du Parlement et des législatures de favoriser la progression vers l'égalité de statut ou d'usage du français et de l'anglais. 16.1(1) La communauté linguistique française et la communauté linguistique anglaise du Nouveau-Brunswick ont un statut et des droits et privilèges égaux, notamment le droit à des institutions d'enseignement distinctes et aux institutions culturelles distinctes nécessaires à leur protection et à leur promotion. (2) Le rôle de la législature et du gouvernement du Nouveau-Brunswick de protéger et de promouvoir le statut, les droits et les privilèges visés au paragraphe (1) est confirmé. 17.(1) Chacun a le droit d'employer le français ou l'anglais dans les débats et travaux du Parlement.(2) Chacun a le droit d'employer le français ou l'anglais dans les débats et travaux de la Législature du Nouveau-Brunswick. 18.(1) Les lois, les archives, les comptes rendus et les procès-verbaux du Parlement sont imprimés et publiés en français et en anglais, les deux versions des lois ayant également force de loi et celles des autres documents ayant même valeur. (2) Les lois, les archives, les comptes rendus et les procès-verbaux de la Législature du Nouveau-Brunswick sont imprimés et publiés en français et en anglais, les deux versions des lois ayant également force de loi et celles des autres documents ayant même valeur. 19.(1) Chacun a le droit d'employer le français ou l'anglais dans toutes les affaires dont sont saisis les tribunaux établis par le Parlement et dans tous les actes de procédure qui en découlent.(2) Chacun a le droit d'employer le français ou l'anglais dans toutes les affaires dont sont saisis les tribunaux du Nouveau-Brunswick et dans tous les actes de procédure qui en découlent. 20.(1) Le public a, au Canada, droit à l'emploi du français ou de l'anglais pour communiquer avec le siège ou l'administration centrale des institutions du Parlement ou du gouvernement du Canada ou pour en recevoir les services; il a le même droit à l'égard de tout autre bureau de ces institutions là où, selon le cas: *a)* l'emploi du français ou de l'anglais fait l'objet d'une demande importante; *b)* l'emploi du français et de l'anglais se justifie par la vocation du bureau. (2) Le public a, au Nouveau-Brunswick, droit à l'emploi du français ou de l'anglais pour communiquer avec tout bureau des institutions de la législature ou du gouvernement ou pour en recevoir les services. 21. Les articles 16 à 20 n'ont pas pour effet, en ce qui a trait à la langue française ou anglaise ou à ces deux langues, de porter atteinte aux droits, privilèges ou obligations qui existent ou sont maintenus aux termes d'une autre disposition de la Constitution du Canada. 22. Les articles 16 à 20 n'ont pas pour effet de porter atteinte aux droits et privilèges, antérieurs ou postérieurs à l'entrée en vigueur de la présente charte et découlant de la loi ou de la coutume, des langues autres que le français ou l'anglais.

Droits à l'instruction dans la langue de la minorité

23.(1) Les citoyens canadiens: *a)* dont la première langue apprise et encore comprise est celle de la minorité francophone ou anglophone de la province où ils résident, *b)* qui ont reçu leur instruction, au niveau primaire, en français ou en anglais au Canada et qui résident dans une province où la langue dans laquelle ils ont reçu cette instruction est celle de la minorité francophone ou anglophone de la province, ont, dans l'un ou l'autre cas, le droit d'y faire instruire leurs enfants, aux niveaux primaire et secondaire, dans cette langue. (2) Les citoyens canadiens dont un enfant a reçu ou reçoit son instruction, au niveau primaire ou secondaire, en français ou en anglais au Canada ont le droit de faire instruire tous leurs enfants, aux niveaux primaire et secondaire, dans la langue de cette instruction. (3) Le droit reconnu aux citoyens canadiens par les paragraphes (1) et (2) de faire instruire leurs enfants, aux niveaux primaire et secondaire, dans la langue de la minorité francophone ou anglophone d'une province: *a)* s'exerce partout dans la province où le nombre des enfants des citoyens qui ont ce droit est suffisant pour justifier à leur endroit la prestation, sur les fonds publics, de l'instruction dans la langue de la minorité; *b)* comprend, lorsque le nombre de ces enfants le justifie, le droit de les faire instruire dans des établissements d'enseignement de la minorité linguistique financés sur les fonds publics.

Recours

24.(1) Toute personne, victime de violation ou de négation des droits ou libertés qui lui sont garantis par la présente charte, peut s'adresser à un tribunal compétent pour obtenir la réparation que le tribunal estime convenable et juste eu égard aux circonstances. (2) Lorsque, dans une instance visée au paragraphe (1), le tribunal a conclu que des éléments de preuve ont été obtenus dans des conditions qui portent atteinte aux droits ou libertés garantis par la présente charte, ces éléments de preuve sont écartés s'il est établi, eu égard aux circonstances, que leur utilisation est susceptible de déconsidérer l'administration de la justice.

Dispositions générales

25. Le fait que la présente charte garantit certains droits et libertés ne porte pas atteinte aux droits ou libertés -- ancestraux, issus de traités ou autres -- des peuples autochtones du Canada, notamment: *a)* aux droits ou libertés reconnus par la Proclamation royale du 7 octobre 1763; *b)* aux droits ou libertés existants issus d'accords sur des revendications territoriales ou ceux susceptibles d'être ainsi acquis. 26. Le fait que la présente charte garantit certains droits et libertés ne constitue pas une négation des autres droits ou libertés qui existent au Canada. 27. Toute interprétation de la présente charte doit concorder avec l'objectif de promouvoir le maintien et la valorisation du patrimoine multiculturel des Canadiens. 28. Indépendamment des autres dispositions de la présente charte, les droits et libertés qui y sont mentionnés sont garantis également aux personnes des deux sexes. 29. Les dispositions de la présente charte ne portent pas atteinte aux droits ou privilèges garantis en vertu de la Constitution du Canada concernant les écoles séparées et autres écoles confessionnelles. 30. Dans la présente charte, les dispositions qui visent les provinces, leur législature ou leur assemblée législative visent également le territoire du Yukon, les territoires du Nord-Ouest ou leurs autorités législatives compétentes. 31. La présente charte n'élargit pas les compétences législatives de quelque organisme ou autorité que ce soit.

Application de la charte

32.(1) La présente charte s'applique: *a)* au Parlement et au gouvernement du Canada, pour tous les domaines relevant du Parlement, y compris ceux qui concernent le territoire du Yukon et les territoires du Nord-Ouest; *b)* à la législature et au gouvernement de chaque province, pour tous les domaines relevant de cette législature.(2) Par dérogation au paragraphe (1), l'article 15 n'a d'effet que trois ans après l'entrée en vigueur du présent article. 33.(1) Le Parlement ou la législature d'une province peut adopter une loi où il est expressément déclaré que celle-ci ou une de ses dispositions a effet indépendamment d'une disposition donnée de l'article 2 ou des articles 7 à 15 de la présente charte. (2) La loi ou la disposition qui fait l'objet d'une déclaration conforme au présent article et en vigueur a l'effet qu'elle aurait sauf la disposition en cause de la charte. (3) La déclaration visée au paragraphe (1) cesse d'avoir effet à la date qui y est précisée ou, au plus tard, cinq ans après son entrée en vigueur. (4) Le Parlement ou une législature peut adopter de nouveau une déclaration visée au paragraphe (1). (5) Le paragraphe (3) s'applique à toute déclaration adoptée sous le régime du paragraphe (4).

Titre

34. Titre de la présente partie: *Charte canadienne des droits et libertés.*

« Nous devons maintenant établir les principes de base, les valeurs et les croyances fondamentales qui nous unissent en tant que Canadiens, de sorte que par-delà nos loyautés régionales, nous partagions un style de vie et un système de valeurs qui nous rendent fiers de ce pays qui nous donne tant de liberté et une joie aussi immense. »

P.E. Trudeau 1981

1988

Abrogation de la *Loi sur les mesures de guerre*, remplacée par la *Loi sur les mesures d'urgence*

« Il ne sera plus jamais possible d'invoquer la *Loi sur les mesures de guerre* pour réveiller les gens au milieu de la nuit, les cueillir cavalièrement et les détenir sans chef d'accusation. »

Perrin Beatty
Ministre de la Défense nationale du Canada
11 juillet 1988

Première page de la *Loi sur les mesures d'urgence*
1988

Ch. 29

C-77

Second Session, Thirty-third Parliament,
35-36-37 Elizabeth II, 1986-87-88

THE HOUSE OF COMMONS OF CANADA

BILL C-77

An Act to authorize the taking of special temporary measures to ensure safety and security during national emergencies and to amend other Acts in consequence thereof

---

AS PASSED BY THE HOUSE OF COMMONS APRIL 27, 1988

C-77

Deuxième session, trente-troisième législature,
35-36-37 Elizabeth II, 1986-87-88

CHAMBRE DES COMMUNES DU CANADA

PROJET DE LOI C-77

Loi visant à autoriser à titre temporaire des mesures extraordinaires de sécurité en situation de crise nationale et à modifier d'autres lois en conséquence

---

ADOPTÉ PAR LA CHAMBRE DES COMMUNES LE 27 AVRIL 1988

1988

Signature de l'Entente de redressement à l'égard des Canadiens japonais

« L'entente de redressement demeurera un moment marquant [...] une réalisation exceptionnelle d'un petit groupe citoyen qui a lancé un mouvement en vue de négocier une entente avec le gouvernement fédéral parce que ses droits de citoyenneté avaient été violés. »

Roy Miki
Professeur de littérature relocalisé dans son enfance et conégociateur de l'Entente
2004

Signature de l'Entente de redressement à l'égard des Canadiens japonais, conclue entre le président de la National Association of Japanese Canadians, Art Miki, et le premier ministre Brian Mulroney

22 septembre 1988

2005

Adoption de la *Loi portant reconnaissance de l'internement de personnes d'origine ukrainienne*

« C'est un jour historique non seulement pour plus d'un million de Canadiens d'origine ukrainienne, mais aussi pour le Canada en tant que société. »

Inky Mark
Député et parrain de la loi
23 novembre 2005

Madone de l'internement

Par John Boxtel
Camp de Spirit Lake (Québec)
2011

2016

Stony Point : rétrocession du territoire d'Ipperwash par la Défense nationale

« Aujourd'hui, la Seconde Guerre mondiale est enfin terminée pour les Chippewas de Kettle et de Stony Point, avec la fin de la confiscation de nos terres survenue en 1942. Nous souhaitons améliorer nos relations avec le Canada à l'avenir, et ce jour marque un nouveau départ. »

Thomas Bressette
Chef des Chippewas de Kettle et de Stony Point
14 avril 2016

Harjit Sajjan, ministre de la Défense nationale, Carolyn Bennett, ministre des Affaires autochtones et du Nord, et le chef Thomas Bressette, à la signature de l'entente avec la Première Nation de Kettle et de Stony Point

14 avril 2016

Canada
Ipperwash Final Settlement Agreement
Between
The Chippewas of Kettle and Stony Point First Nation
and
Her Majesty the Queen in Right of Canada

2018

Expression de regrets de la Gendarmerie royale du Canada à la communauté italo-canadienne

« Cela a commencé à soulager la honte et signifiait que nous ne sombrons pas dans l'oubli. Quelqu'un nous écoute. »

Joyce Pillarella
Historienne et petite-fille de l'interné Nicola Germano
2018

Cérémonie d'expression des regrets de la GRC à la communauté italo-canadienne

Ottawa
18 septembre 2018

2020

Refus de la Chambre des communes d'offrir des excuses pour l'application de la *Loi sur les mesures de guerre* et l'intervention de l'armée en 1970

« Le gouvernement fédéral […] doit faire montre de compassion à l'égard des 497 citoyens québécois ainsi qu'à leurs familles qui ont vécu des moments de terreur et qui ont dû vivre avec les séquelles de ces agressions. C'était inadmissible il y a 50 ans et ça l'est toujours aujourd'hui. »

Yves-François Blanchet
Chef du Bloc québécois
29 octobre 2020

Liberté

Par Marcel Barbeau
Maison Ludger-Duvernay
Montréal (Québec)
2010

CONTRIBUTIONS

Nous tenons à remercier les membres de l'équipe principale de l'exposition **Libertés sacrifiées – La *Loi sur les mesures de guerre*** : Chantal Baril, Julie Guinard, Jean-François Léger et Cathy Mitchell.

Nous aimerions également exprimer notre reconnaissance aux membres des communautés affectées par la *Loi sur les mesures de guerre* qui ont généreusement partagé avec nous leurs histoires où se côtoient la tragédie, la détermination, la résilience et l'espoir.

Merci aussi aux huit membres du comité consultatif pour leurs avis éclairés qui ont enrichi nos textes.

Nous avons une dette de reconnaissance envers Magali Deleuze, Karl Hele, Lubomyr Luciuk, Laura Madokoro, Andrew Parnaby, Roberto Perin, Paul-Étienne Rainville et May Telmissany.

Nous exprimons notre gratitude envers les organisations et les individus qui ont accepté de nous prêter des objets et des images de leurs collections, notamment Lillian Michiko Blakey, Ryan Boyko, Sandra Corbo, Mary Murakami Kitagawa, Marsha Forchuk Skrypuch, Norman Takeuchi, la famille Vocisano, les Archives de la Ville de Montréal, l'Assemblée nationale du Québec, le Fonds canadien de reconnaissance de l'internement durant la Première Guerre mondiale, le Musée d'art du Centre de la Confédération, le Musée canadien de la guerre, le Musée de la police de Montréal, Pointe-à-Callière, Cité d'archéologie et d'histoire de Montréal, le Nikkei National Museum, le Sénat du Canada, la Sûreté du Québec, les Témoins de Jéhovah et la Thomas Fisher Rare Book Library de l'Université de Toronto.

Nous soulignons l'aide essentielle apportée par bon nombre de collègues du Musée canadien de l'histoire et du Musée canadien de la guerre : Maggie Arbour, Nancy Bacon, Stacey Barker, Michelle Baxter, Andrew Burtch, Emily Compton, Tim Cook, Dave Deevey, Eric Fernberg, Anneh Fletcher, Amanda Gould, Vincent Lafond, Anne Macdonnell, Meredith MacLean, Peter MacLeod, Jeff Noakes, Christine Quinn, Kirby Sayant, Erin Wilson et Jimmy Youssef.
Pascal Scallon-Chouinard et Lee Wyndham méritent notre gratitude pour leur excellent travail dans la production de ce catalogue-souvenir.

Nous avons également reçu le précieux concours de partenaires externes. Un remerciement particulier est dû aux recherchistes Frédérique Bédard Daneau, Ivan Carel, Melissa Davidson et Joyce Pillarella, de même qu'au cartographe François Goulet et au graphiste Sylvain Toulouse (Design Par Judith Portier inc.).

Sources des photos

p. 4-5 Photo : Michel Gravel, *La Presse,* Bibliothèque et Archives nationales du Québec, 82812 1970-10-16_p1_d

p. 7 Don de Maurice Poggi, MCG 20020203-007

p. 9 MCG 19900029-001

p. 10-11 Matteo Omied / Alarmy Stock Photo

p. 13 Archives du Parlement

p. 15 Toronto Public Library

p. 17 MCG 19720121-086

p. 18-19 Glenbow Archives, NA-1870-6

p. 21 (en bas) Archives de l'Ontario, C 233-2-7-0-310

p. 21 (en haut) Archives de l'Ontario, C 233-2-7-0-309

p. 22-23 Cartographie : Musée canadien de la guerre

p. 24-25 Glenbow Archives, NC-54-4336

p. 26-27 Album Humphrey, p. 22, MCH IMG2021-0094-0008-Dm

p. 29 Don de Lubomyr Luciuk, MCH 2017.7.4

p. 31 Prêts du Fond canadien de reconnaissance de l'internement durant la Première Guerre mondiale, MCH IMG2021-0130-0004-Dm et IMG2021-0130-0006-Dm

p. 32-33 Prêt de Ryan Boyko, MCH IMG2021-0130-0007-Dm

p. 35 Avec l'aimable autorisation de Marsha Forchuk Skrypuch

p. 36-37 Prêt du Fond canadien de reconnaissance de l'internement durant la Première Guerre mondiale, L4917.2

p. 38-39 Bibliothèque et Archives Canada, PA-170620

p. 40-41 Bibliothèque et Archives Canada, PA-170623

p. 43 Avec l'aimable autorisation des Témoins de Jéhovah

p. 44-45 Glenbow Archives, NA-5051-133

p. 46 Archives du *Toronto Star* / Getty Images

p. 47 MCG 19920166-169

p. 48 MCG 20010129-0205

p. 49 Comité national de la finance de guerre, *La Patrie*, 9 février 1942, p. 11, Bibliothèque et Archives nationales du Québec, 0000082779

p. 50 Japanese Canadian Cultural Centre, 2001.3.59

p. 51 *The Globe and Mail*, 17 juillet 1942, p. 3, Archives du *Globe and Mail*

p. 53 Archives de l'Ontario, F 4449-1-16

p. 55 (en haut) MCG 20070070-026

p. 55 (en bas) MCG 20070070-021

p. 56-57 Bibliothèque et Archives Canada, PA-188742

p. 58 MCG 20020203-016

p. 59 Don de Maurice Poggi, MCG 20020203-001

p. 60 Don de Maurice Poggi, MCG 20020203-008

p. 61 Avec l'aimable autorisation de Sandra Corbo

p. 63 Avec l'aimable autorisation de Mary Murakami Kitagawa

p. 64-65 Prêt de Mary Murakami Kitagawa MCH IMG2021-0130-0003-Dm

p. 66-67 Tak Toyota, Bibliothèque et Archives Canada, C-047398

p. 68 Avec l'aimable autorisation de la famille Takeuchi

p. 69 Don de Norman Takeuchi, MCG 20140167-005

p. 70-71 Capture d'écran de *Ipperwash Land Expropration: Hell of a Deal, The Fift Estate,* CBC, 1989

p. 72 Archives de la Ville de Montréal, CA M001 P146-1-2-D16-P001

p. 73 Musée Pointe-à-Callière, 2010.71.004

p. 74 Bibliothèque et Archives nationales du Québec, DIS-45/05856

p. 75 Archives – Ville de Mont-Royal

p. 76-77 Photo : Duncan Cameron, Bibliothèque et Archives Canada, 1970-015 NPC, e010858586-v8

p. 79 Musée canadien de l'histoire, Archives, Fonds André-Duchesne, 2018-H0011.1

p. 81 MCH 2014.43.1

p. 83 Photo : Michel Gravel, *La Presse*, Bibliothèque et Archives nationales du Québec, 82812 1970-10-16_p1_d

p. 85 Associated Press, 701018012

p. 87 Don de Tom Halley, MCG 19812910-003

p. 88-89 Associated Press, 235840504795

p. 91 Musée canadien de l'histoire, Livres rares, Collection Alain-Lavigne, LA 418 Q4 Q37, MCH IMG2021-0102-0001-Dm

p. 93 Sûreté du Québec, Photothèque, 2008_1091

p. 94-95 Photo : Gabor Szilasi, Bibliothèque et Archives nationales du Québec, Vieux-Montréal, Fonds du ministère de la Culture et des Communications, E6, S7, SS1, 690606-3

p. 96-97 Photo : Paul Henri Talbot, Archives *La Presse*

p. 98 Photo : Jean Goupil, Bibliothèque et Archives nationales du Québec, Vieux-Montréal, fonds *La Presse*, P833, S2, D3923

p. 99 *Winnipeg Tribune*, 11 février 1971, p. 9, Archives et collections spéciales de l'Université du Manitoba

p. 100-101 © Ronald Labelle

p. 103 Ministère du Patrimoine canadien

p. 105 Sénat du Canada, COM_PHO-Billc77_2021-08-11_DSC_0579

p. 106-107 Nikkei National Museum, Collection Gordon King, 2010-32-57

p. 109 Commande de l'Association ukrainienne-canadienne des droits civils

p. 111 Photo : Geoff Robins, Presse canadienne

p. 112-113 Photo : Serge Gouin, Gendarmerie royale du Canada, RCMP-SG-2018-0918-040

p. 115 Wikimedia Commons, CC BY-SA 4.0, Guerinf

Mot du Fonds canadien de reconnaissance de l'internement durant la Première Guerre mondiale

Le Fonds de reconnaissance de l'internement canadien durant la Première Guerre mondiale est heureux d'avoir soutenu l'exposition **Libertés sacrifiées – La *Loi sur les mesures de guerre***.

Celle-ci a offert l'occasion au public du Musée canadien de l'histoire de découvrir les effets de la *Loi sur les mesures de guerre* et ses conséquences désastreuses plus de 100 ans après sa mise en œuvre.

Félicitations au Musée canadien de l'histoire pour avoir présenté cette histoire qui met en lumière certains chapitres sombres du passé de notre pays. Nous espérons qu'avec plus d'éducation, cette violation des libertés civiles canadiennes ne se reproduira plus jamais.

Le 25 novembre 2005, le projet de loi d'initiative parlementaire C-331 du député Inky Mark, la *Loi sur la reconnaissance de l'internement des personnes d'origine ukrainienne*, a reçu la sanction royale. Le 9 mai 2008, à la suite de négociations avec l'Association ukrainienne canadienne des libertés civiles, le Congrès ukrainien canadien et la Fondation ukrainienne canadienne de Taras Shevchenko, le gouvernement du Canada a créé le Fonds de reconnaissance de l'internement canadien durant la Première Guerre mondiale, permettant de soutenir les projets commémoratifs et éducatifs qui rappellent ce qui est arrivé aux Ukrainiennes et aux Ukrainiens ainsi qu'à d'autres Européennes et Européens pendant les premières opérations nationales d'internement du Canada, de 1914 à 1920.

Borys Sirskyj
Président, Fonds canadien de reconnaissance de l'internement durant la Première Guerre mondiale